FEM

La brève histoire du Forum économique mondial avec
Klaus Schwab, Agenda 2030, La grande remise à zéro,
Critiques et controverses

Clause de non-responsabilité

1

Introduction

Le Forum économique mondial (FEM) est une organisation internationale non gouvernementale et de lobbying pour les entreprises multinationales basée à Cologny, dans le canton de Genève, en Suisse. Il a été fondé le 24 janvier 1971 par l'ingénieur allemand Klaus Schwab. La fondation, qui est principalement financée par ses 1 000 entreprises membres - généralement des entreprises mondiales dont le chiffre d'affaires est supérieur à 5 milliards de dollars - ainsi que par des subventions publiques, considère que sa propre mission est "d'améliorer l'état du monde en engageant les entreprises, les responsables politiques, les universitaires et d'autres leaders de la société à façonner les agendas mondiaux, régionaux et industriels".

Le FEM est surtout connu pour sa réunion annuelle à la fin du mois de janvier à Davos, une station de montagne dans la région des Alpes orientales en Suisse. Cette réunion rassemble quelque 3 000 membres cotisants et participants sélectionnés - parmi lesquels des investisseurs, des chefs d'entreprise, des responsables politiques, des économistes, des célébrités et des journalistes - pendant cinq jours pour débattre de questions mondiales au cours de 500 sessions.

Outre Davos, l'organisation organise des conférences régionales en Afrique, en Asie de l'Est, en Amérique latine et en Inde, ainsi que deux réunions annuelles en Chine et aux Émirats arabes unis. Elle produit en outre une série de rapports, engage ses membres dans des initiatives sectorielles et fournit une plateforme permettant aux dirigeants de certains groupes de parties prenantes de collaborer sur des projets et des initiatives.

Le Forum suggère que le monde globalisé est mieux géré par une coalition autosélectionnée d'entreprises multinationales, de gouvernements et d'organisations de la société civile (OSC), ce qu'il exprime par des initiatives telles que la "grande remise à zéro" et la "refonte globale".

Le Forum économique mondial et sa réunion annuelle à Davos ont fait l'objet de critiques au fil des ans, notamment en ce qui concerne la mainmise de l'organisation sur les institutions mondiales et démocratiques, ses initiatives de blanchiment institutionnel, le coût public de la sécurité, le statut d'exonération fiscale de l'organisation, le manque de

clarté des processus de décision et des critères
d'adhésion, le manque de transparence financière et
l'empreinte environnementale de ses réunions annuelles.
En réaction aux critiques de la société suisse, le
gouvernement fédéral suisse a décidé en février 2021 de
réduire ses contributions annuelles au FEM. En outre, le
FEM est critiqué pour son "hypocrisie" à l'égard des droits
de l'homme des Palestiniens lorsqu'il a rejeté une pétition
de ses propres électeurs visant à condamner l'agression
d'Israël contre les Palestiniens, en prétendant qu'il s'agit
d'une organisation "impartiale", et qu'il a ensuite
volontairement condamné l'agression de la Russie contre
l'Ukraine quelques mois plus tard. Le FEM a également
été la cible de théories du complot.

Le coût à payer par les entreprises pour un délégué au
FEM était de 70 000 dollars au début des années 2000, et
de 120 000 dollars en 2022.

COMMITTED TO IMPROVING THE STATE OF THE WORLD

Table des matières

Histoire du FEM

Le FEM a été fondé en 1971 par Klaus Schwab, professeur d'économie à l'université de Genève. D'abord appelé European Management Forum, il a pris le nom de Forum économique mondial en 1987 et s'est efforcé d'élargir son champ d'action pour offrir une plate-forme de résolution des conflits internationaux.

En février 1971, Schwab a invité 450 dirigeants d'entreprises d'Europe occidentale au premier symposium européen sur le management qui s'est tenu au centre de congrès de Davos sous le patronage de la Commission européenne et d'associations industrielles européennes, où Schwab a cherché à présenter aux entreprises européennes les pratiques de management américaines. Il a ensuite fondé le FEM en tant qu'organisation à but non lucratif basée à Genève et a attiré les chefs d'entreprise européens à Davos pour les réunions annuelles de janvier.

Le deuxième Forum européen de management, en 1972, a été la première réunion où l'un des orateurs du forum était un chef de gouvernement, le président Pierre Werner du Luxembourg.

Les événements de 1973, notamment l'effondrement du mécanisme de taux de change fixe de Bretton Woods et la guerre du Kippour, ont amené l'assemblée annuelle à élargir son champ d'action de la gestion aux questions économiques et sociales et, pour la première fois, des dirigeants politiques ont été invités à l'assemblée annuelle de janvier 1974.

Au cours de la première décennie, le forum a conservé une atmosphère ludique, de nombreux membres faisant du ski et participant à des événements nocturnes. À l'occasion de la manifestation de 1981, un participant a déclaré que "le forum offre de délicieuses vacances sur le compte de dépenses".

Les dirigeants politiques n'ont pas tardé à utiliser la réunion annuelle pour promouvoir leurs intérêts. La *déclaration de Davos* a été signée en 1988 par la Grèce et la Turquie, ce qui a permis à ces deux pays de s'éloigner du bord de la guerre. En 1992, le président sud-africain F. W. de Klerk a rencontré Nelson Mandela et le chef Mangosuthu Buthelezi lors de la réunion annuelle, leur première apparition commune en dehors de l'Afrique du Sud. Lors de la réunion annuelle de 1994, le ministre

8

israélien des affaires étrangères, Shimon Peres, et le président de l'OLP, Yasser Arafat, sont parvenus à un projet d'accord sur Gaza et Jéricho.

En octobre 2004, le Forum économique mondial a attiré l'attention par la démission de son PDG et directeur exécutif, José María Figueres, suite à la réception non déclarée de plus de 900 000 dollars US d'honoraires de conseil de la part de l'entreprise française de télécommunications Alcatel. Transparency International a souligné cet incident dans son Rapport mondial sur la corruption deux ans plus tard, en 2006.

En janvier 2006, le FEM a publié dans son magazine *Global Agenda* un article intitulé "Boycott Israël", qui a été distribué à l'ensemble des 2 340 participants à la réunion annuelle. À la suite de cette publication, Klaus Schwab l'a qualifiée d'"échec inacceptable du processus éditorial".

Fin 2015, l'invitation a été étendue à une délégation nord-coréenne pour le FEM 2016, "au vu des signes positifs émanant du pays", ont noté les organisateurs du FEM. La Corée du Nord n'a pas participé au FEM depuis 1998. L'invitation a été acceptée. Cependant, le FEM a révoqué

9

l'invitation le 13 janvier 2016, après l'essai nucléaire nord-coréen du 6 janvier 2016, et la participation du pays a été soumise aux "sanctions existantes et aux éventuelles sanctions à venir". Malgré les protestations de la Corée du Nord, qui a qualifié la décision du conseil d'administration du FEM de "soudaine et irresponsable", le comité du FEM a maintenu l'exclusion car "dans ces circonstances, il n'y aurait pas d'opportunité de dialogue international".

En 2017, le FEM de Davos a attiré une attention considérable lorsque, pour la première fois, un chef d'État de la République populaire de Chine était présent dans la station alpine. Avec en toile de fond le Brexit, l'arrivée d'une administration américaine protectionniste et des pressions importantes sur les zones de libre-échange et les accords commerciaux, le dirigeant suprême Xi Jinping a défendu le schéma économique mondial et présenté la Chine comme une nation responsable et un chef de file pour les causes environnementales. Il a vivement critiqué les mouvements populistes actuels qui voudraient introduire des droits de douane et entraver le commerce mondial, avertissant qu'un tel protectionnisme pourrait favoriser l'isolement et réduire les opportunités économiques.

10

En 2018, le Premier ministre indien Narendra Modi a prononcé le discours d'ouverture, devenant ainsi le premier chef de gouvernement indien à prononcer le discours inaugural de la plénière annuelle de Davos. Modi a souligné que le réchauffement de la planète (changement climatique), le terrorisme et le protectionnisme étaient les trois principaux défis mondiaux, et s'est dit convaincu qu'ils pouvaient être relevés grâce à un effort collectif.

En 2019, le président brésilien Jair Bolsonaro a prononcé le discours principal lors de la session plénière de la conférence. Pour son premier voyage international à Davos, il a mis l'accent sur les politiques économiques libérales malgré son programme populiste, et a tenté de rassurer le monde sur le fait que le Brésil est un protecteur de la forêt tropicale tout en utilisant ses ressources pour la production et l'exportation de denrées alimentaires. Il a déclaré que "son gouvernement s'efforcera de mieux intégrer le Brésil dans le monde en intégrant les meilleures pratiques internationales, telles que celles adoptées et promues par l'OCDE". Les préoccupations environnementales telles que les phénomènes météorologiques extrêmes et l'échec de l'atténuation et de

11

l'adaptation au changement climatique figurent parmi les risques mondiaux les plus importants exprimés par les participants au FEM. Le 13 juin 2019, le FEM et les Nations unies ont signé un "cadre de partenariat stratégique" afin d'"'accélérer conjointement la mise en œuvre de l'Agenda 2030 pour le développement durable."

Le Forum économique mondial 2021 devait se tenir du 17 au 20 août à Singapour. Cependant, le 17 mai, le Forum a été annulé et une nouvelle réunion aura lieu au cours du premier semestre 2022, le lieu et la date définitifs devant être déterminés plus tard en 2021.

Fin décembre 2021, le Forum économique mondial a déclaré dans un communiqué que les conditions de pandémie avaient rendu extrêmement difficile l'organisation d'une réunion mondiale en personne le mois suivant ; la transmissibilité de la variante SARS-CoV-2 Omicron et son impact sur les voyages et la mobilité avaient rendu le report nécessaire. Début 2022, la réunion annuelle de Davos a été reprogrammée du 22 au 26 mai 2022. Parmi les thèmes abordés figurent la guerre russo-ukrainienne, le changement climatique, l'insécurité énergétique et l'inflation. Le président ukrainien Volodymyr

12

Zelenskyy a prononcé un discours spécial lors de la réunion, remerciant la communauté mondiale pour ses efforts mais appelant également à plus de soutien. Le Forum 2022 a été marqué par l'absence d'une délégation russe pour la première fois depuis 1991, ce que *le Wall Street Journal* a décrit comme un signe de "l'effritement de la mondialisation". L'ancienne Maison de la Russie a été utilisée pour présenter les crimes de guerre de la Russie.

La réunion annuelle 2023 du Forum économique mondial s'est tenue à Davos, en Suisse, du 16 au 20 janvier, sous la devise "Coopération dans un monde fragmenté".

Organisation du FEM

Le FEM a son siège à Cologny et des bureaux à New York, Pékin et Tokyo. En janvier 2015, il a été désigné comme ONG avec le statut d'"autre organisme international" par le gouvernement fédéral suisse en vertu de la loi suisse sur l'État d'accueil.

Le 10 octobre 2016, le FEM a annoncé l'ouverture de son nouveau Centre pour la quatrième révolution industrielle à San Francisco. Selon le FEM, le centre "servira de plateforme d'interaction, de réflexion et d'impact sur les changements scientifiques et technologiques qui modifient la façon dont nous vivons, travaillons et sommes en relation les uns avec les autres".

Le Forum économique mondial affirme être impartial et n'être lié à aucun intérêt politique, partisan ou national. Jusqu'en 2012, il avait le statut d'observateur auprès du Conseil économique et social des Nations unies, statut qui lui a été retiré ; il est placé sous la tutelle du Conseil fédéral suisse. L'organe de gouvernance le plus élevé de la fondation est le conseil de fondation.

Le conseil d'administration est présidé par le président du
FEM, Børge Brende, et agit en tant qu'organe exécutif du
Forum économique mondial. Les membres du conseil
d'administration sont Børge Brende, Julien Gattoni, Jeremy
Jurgens, Adrian Monck, Sarita Nayyar, Olivier M. Schwab,
Saadia Zahidi et Alois Zwinggi.

Conseil d'administration

Le FEM est présidé par son fondateur et président
exécutif, le professeur Klaus Schwab, et est guidé par un
conseil d'administration composé de dirigeants du monde
des affaires, de la politique, de l'université et de la société
civile. En 2010, le conseil était composé de : Josef
Ackermann, Peter Brabeck-Letmathe, Kofi Annan, Victor L.
L. Chu, Tony Blair, Michael S. Dell, Niall FitzGerald, Susan
Hockfield, Orit Gadiesh, Christine Lagarde, Carlos Ghosn,
Maurice Lévy, Rajat Gupta, Indra Nooyi, Peter D.
Sutherland, Ivan Pictet, Heizo Takenaka, Ernesto Zedillo
Ponce de Leon, Joseph P. Schoendorf, S.M. la Reine
Rania Al Abdullah. Les membres du conseil
d'administration (anciens ou actuels) comprennent :
Mukesh Ambani, Marc Benioff, Peter Brabeck-Letmathe,
Mark Carney, Laurence D. Fink, Chrystia Freeland, Orit

Gadiesh, Fabiola Gianotti, Al Gore, Herman Gref, José Ángel Gurría, André Hoffmann, Ursula von der Leyen, Jack Ma, Yo-Yo Ma, Peter Maurer, Luis Alberto Moreno, Muriel Pénicaud, S. M. la reine Rania Al Abdullah.M. la reine Rania Al Abdullah du Royaume hachémite de Jordanie, L. Rafael Reif, David M. Rubenstein, Mark Schneider, Klaus Schwab, Tharman Shanmugaratnam, Jim Hagemann Snabe, Feike Sijbesma, Heizo Takenaka, Zhu Min.

L'adhésion

La fondation est financée par ses 1 000 entreprises membres, généralement des entreprises mondiales dont le chiffre d'affaires est supérieur à cinq milliards de dollars (variable selon le secteur d'activité et la région). Ces entreprises figurent parmi les plus importantes de leur secteur d'activité et/ou de leur pays et jouent un rôle de premier plan dans l'élaboration de l'avenir de leur secteur d'activité et/ou de leur région. L'adhésion est stratifiée en fonction du niveau d'engagement dans les activités du forum, le montant des cotisations augmentant avec la participation aux réunions, aux projets et aux initiatives. En 2011, une adhésion annuelle coûtait 52 000 dollars pour un membre individuel, 263 000 dollars pour un "partenaire industriel" et 527 000 dollars pour un "partenaire stratégique". Les frais d'admission s'élèvent à 19 000 dollars par personne. En 2014, le FEM a augmenté les frais annuels de 20 %, faisant passer le coût pour le "Partenaire stratégique" de 500 000 CHF (523 000 $) à 600 000 CHF (628 000 $).

Activités du FEM

Réunion annuelle à Davos

L'événement phare du Forum économique mondial est la réunion annuelle sur invitation qui se tient à la fin du mois de janvier à Davos, en Suisse, et qui rassemble les chefs d'entreprise de ses 1 000 sociétés membres, ainsi que des politiciens sélectionnés, des représentants du monde universitaire, des ONG, des chefs religieux et des médias dans un environnement alpin. Les discussions d'hiver se concentrent ostensiblement sur des questions clés d'intérêt mondial (telles que la mondialisation, les marchés de capitaux, la gestion des richesses, les conflits internationaux, les problèmes environnementaux et leurs solutions possibles). Les participants prennent également part à des jeux de rôle, tels que l'Investment Heat Map. Les réunions informelles d'hiver ont peut-être donné lieu à autant d'idées et de solutions que les sessions officielles.

Lors de la réunion annuelle de 2018, plus de 3 000 participants de près de 110 pays ont participé à plus de 400 sessions. La participation comprenait plus de 340 personnalités publiques, dont plus de 70 chefs d'État et de

gouvernement et 45 chefs d'organisations internationales ;
230 représentants des médias et près de 40 leaders
culturels étaient représentés.

Pas moins de 500 journalistes en ligne, de la presse écrite,
de la radio et de la télévision y participent et ont accès à
toutes les sessions du programme officiel, dont certaines
sont également retransmises sur le web. Cependant, tous
les journalistes n'ont pas accès à toutes les zones. Cet
accès est réservé aux détenteurs d'un badge blanc. Selon
Anthony Reuben, journaliste à la BBC, "Davos applique un
système de badges qui s'apparente presque à une caste".
"Un badge blanc signifie que vous êtes l'un des délégués -
vous pouvez être le directeur général d'une entreprise ou
le dirigeant d'un pays (bien que cela vous vaille également
un petit autocollant holographique à ajouter à votre
badge), ou un journaliste chevronné. Un badge orange
signifie que vous n'êtes qu'un journaliste ordinaire". Tous
les débats pléniers de la réunion annuelle sont également
disponibles sur YouTube et les photos sont disponibles sur
Flickr.

Participants individuels

19

Quelque 3 000 personnes ont participé à la réunion annuelle de Davos en 2020. Les pays comptant le plus grand nombre de participants sont les États-Unis (674 participants), le Royaume-Uni (270), la Suisse (159), l'Allemagne (137) et l'Inde (133). Parmi les participants figuraient des chefs d'État ou de gouvernement, des ministres, des ambassadeurs, des dirigeants ou des hauts fonctionnaires d'organisations internationales qui ont assisté à la réunion annuelle, dont : Sanna Marin (première ministre de Finlande), Ursula von der Leyen (présidente de la Commission européenne), Christine Lagarde (présidente de la BCE), Greta Thunberg (militante pour le climat), Ren Zhengfei (fondateur de Huawei Technologies), Kristalina Georgieva (directrice générale du FMI), Deepika Padukone (actrice de Bollywood), George Soros (investisseur) et Donald Trump (président des États-Unis).

Une analyse de *The Economist* datant de 2014 a révélé que la grande majorité des participants sont des hommes et ont plus de 50 ans. Les carrières dans le monde des affaires représentent la majeure partie des origines des participants (1 595 participants à la conférence), les places restantes étant partagées entre les gouvernements (364), les ONG (246) et la presse (234). Le monde universitaire, qui avait été à l'origine de la première conférence annuelle en 1971, a été marginalisé et n'est plus que le plus petit groupe de participants (183 participants).

Les entreprises participantes

Outre les participants individuels, le Forum économique mondial entretient un réseau dense d'entreprises partenaires qui peuvent postuler à différents rangs de partenariat au sein du forum. Pour 2019, Bloomberg a identifié un total de 436 entreprises cotées en bourse qui ont participé à la réunion annuelle, tout en mesurant une sous-performance des actions des participants à Davos d'environ -10 % par rapport au S&P 500 au cours de la même année. Les facteurs déterminants sont notamment une surreprésentation des sociétés financières et une sous-représentation des entreprises de soins de santé et de technologies de l'information à croissance rapide lors de la conférence. *The Economist* avait obtenu des résultats similaires dans une étude antérieure, montrant une sous-performance des participants à Davos par rapport à l'indice MSCI World et au S&P 500 entre 2009 et 2014.

21

Réunion annuelle d'été

En 2007, la fondation a créé la réunion annuelle des
nouveaux champions (également appelée Davos d'été),
qui se tient chaque année en Chine, alternativement à
Dalian et à Tianjin, et qui rassemble 1 500 participants
issus de ce que la fondation appelle les entreprises de
croissance mondiale, principalement des pays émergents
à croissance rapide tels que la Chine, l'Inde, la Russie, le
Mexique et le Brésil, mais aussi des entreprises à
croissance rapide des pays développés. La réunion
s'adresse également à la prochaine génération de
dirigeants mondiaux issus de régions à croissance rapide
et de villes compétitives, ainsi qu'à des pionniers de la
technologie du monde entier. Le premier ministre chinois a
prononcé un discours en séance plénière lors de chaque
réunion annuelle.

Réunions régionales

Chaque année, des réunions régionales sont organisées,
permettant un contact étroit entre les chefs d'entreprise,
les dirigeants des gouvernements locaux et les ONG. Les
réunions se tiennent en Afrique, en Asie de l'Est, en

22

Amérique latine et au Moyen-Orient. Les pays hôtes varient d'une année à l'autre, mais la Chine et l'Inde ont toujours accueilli les réunions au cours de la décennie 2000.

Jeunes leaders mondiaux

Le groupe des Young Global Leaders est composé de 800 personnes choisies par les organisateurs du FEM comme étant représentatives du leadership contemporain. Après cinq ans de participation, ils sont considérés comme des anciens. Le programme a fait l'objet d'une controverse lorsque Schwab, son fondateur, a admis avoir "pénétré" les gouvernements avec les Young Global Leaders. Il a ajouté qu'en 2017, "plus de la moitié" du cabinet de Justin Trudeau avait été membre du programme.

Entrepreneurs sociaux

Depuis 2000, le FEM promeut des modèles développés par ceux qui collaborent étroitement avec la Fondation Schwab pour l'entrepreneuriat social, en soulignant que l'entrepreneuriat social est un élément clé pour faire progresser les sociétés et résoudre les problèmes sociaux. Des entrepreneurs sociaux sélectionnés sont invités à participer aux réunions régionales et aux réunions annuelles de la fondation, où ils peuvent rencontrer des chefs d'entreprise et des hauts fonctionnaires. Lors de la réunion annuelle de 2003, par exemple, Jeroo Billimoria a rencontré Roberto Blois, secrétaire général adjoint de l'Union internationale des télécommunications, une rencontre qui a débouché sur un partenariat clé pour son organisation Child helpline international.

Rapports de recherche

La fondation agit également comme un groupe de réflexion et publie un large éventail de rapports. En particulier, les "Strategic Insight Teams" se concentrent sur la production de rapports pertinents dans les domaines de la compétitivité, des risques mondiaux et de la réflexion sur les scénarios.

L'équipe "Compétitivité" produit une série de rapports économiques annuels (publiés pour la première fois entre parenthèses) : le Rapport sur la compétitivité mondiale (1979) mesure la compétitivité des pays et des économies ; le Rapport mondial sur les technologies de l'information (2001) évalue leur compétitivité en fonction de leur niveau de préparation aux technologies de l'information ; le Rapport mondial sur les disparités entre les hommes et les femmes examine les domaines critiques d'inégalité entre les hommes et les femmes ; le Rapport sur les risques mondiaux (2006) évalue les principaux risques mondiaux ; le Rapport mondial sur les voyages et le tourisme (2007) mesure la compétitivité dans le domaine des voyages et du tourisme ; le rapport sur le développement financier (2008) vise à fournir aux pays un moyen complet d'établir des critères de référence pour divers aspects de leurs systèmes financiers et de définir des priorités d'amélioration ; et le rapport sur le commerce mondial (2008) présente une analyse transnationale du grand nombre de mesures qui facilitent le commerce entre les nations.

Le "Risk Response Network" produit un rapport annuel évaluant les risques considérés comme relevant du champ d'action de ces équipes, ayant une pertinence intersectorielle, incertains, susceptibles de causer des dommages économiques d'une valeur supérieure à 10 milliards de dollars, susceptibles de causer des souffrances humaines majeures et dont l'atténuation nécessite une approche pluripartite.

25

En 2020, le forum a publié un rapport intitulé : "Nature Risk Rising". Dans ce rapport, le forum estime qu'environ la moitié du PIB mondial dépend fortement ou modérément de la nature et qu'un dollar dépensé pour la restauration de la nature rapporte 9 dollars de bénéfices.

26

Initiatives du FEM

Santé

L'Initiative mondiale pour la santé a été lancée par Kofi Annan lors de la réunion annuelle de 2002. La mission de la GHI était d'engager les entreprises dans des partenariats public-privé pour lutter contre le VIH/SIDA, la tuberculose, le paludisme et les systèmes de santé.

L'Initiative mondiale pour l'éducation (GEI), lancée lors de la réunion annuelle de 2003, a rassemblé des entreprises informatiques internationales et des gouvernements en Jordanie, en Égypte et en Inde, ce qui a permis de mettre à disposition de nouveaux ordinateurs personnels dans les salles de classe et de former davantage d'enseignants locaux à l'apprentissage en ligne. Le modèle de l'IEG, qui est évolutif et durable, est maintenant utilisé comme modèle éducatif dans d'autres pays, dont le Rwanda.

Le 19 janvier 2017, la Coalition for Epidemic Preparedness Innovations (CEPI), une initiative mondiale de lutte contre les épidémies, a été lancée au FEM de Davos. Cette initiative financée au niveau international vise à garantir l'approvisionnement en vaccins pour les urgences mondiales et les pandémies, et à rechercher de nouveaux vaccins pour les maladies tropicales, qui sont aujourd'hui plus menaçantes. Le projet est financé par des donateurs privés et gouvernementaux, avec un investissement initial de 460 millions de dollars des gouvernements allemand, japonais et norvégien, ainsi que de la Fondation Bill & Melinda Gates et du Wellcome Trust.

Réunion de 2020

Entre le 21 et le 24 janvier 2020, aux premiers stades de l'épidémie de COVID-19, le CEPI a rencontré des dirigeants de Moderna pour établir des plans pour un vaccin contre le COVID-19 lors de la réunion de Davos, avec un nombre total de cas dans le monde de 274 et un nombre total de pertes de vies humaines dues au virus de 16.

L'OMS a déclaré une urgence sanitaire mondiale six jours plus tard.

Société

L'initiative sur l'eau rassemble diverses parties prenantes telles qu'Alcan Inc, la Direction suisse du développement et de la coopération, USAID Inde, le PNUD Inde, la Confédération de l'industrie indienne (CII), le gouvernement du Rajasthan et la Fondation des entreprises du NEPAD afin de développer des partenariats public-privé sur la gestion de l'eau en Afrique du Sud et en Inde.

Afin de lutter contre la corruption, l'initiative "Partnering Against Corruption" (PACI) a été lancée par des PDG des secteurs de l'ingénierie et de la construction, de l'énergie et des métaux, et de l'exploitation minière, lors de la réunion annuelle de Davos en janvier 2004. La PACI est une plateforme d'échange entre pairs sur les expériences pratiques et les situations de dilemme. Environ 140 entreprises ont rejoint l'initiative.

Environnement

Au début du 21e siècle, le forum a commencé à s'intéresser de plus en plus aux questions environnementales. Dans le Manifeste de Davos 2020, il est dit qu'une entreprise, entre autres :

* "agit en tant que gardien de l'univers environnemental et matériel pour les générations

29

futures. Elle protège consciemment notre biosphère et défend une économie circulaire, partagée et régénérative."

- "gère de manière responsable la création de valeur à court, moyen et long terme en vue d'un rendement durable pour les actionnaires qui ne sacrifie pas l'avenir au présent".

- "est plus qu'une unité économique génératrice de richesses. Elle répond aux aspirations humaines et sociétales en tant qu'élément d'un système social plus large. La performance doit être mesurée non seulement en fonction du rendement pour les actionnaires, mais aussi en fonction de la manière dont l'entreprise atteint ses objectifs environnementaux, sociaux et de bonne gouvernance".

L'initiative environnementale couvre les questions liées au changement climatique et à l'eau. Dans le cadre du dialogue de Gleneagles sur le changement climatique, le gouvernement britannique a demandé au Forum économique mondial, lors du sommet du G8 à Gleneagles en 2005, de faciliter le dialogue avec la communauté des affaires afin d'élaborer des recommandations pour réduire les émissions de gaz à effet de serre. Cet ensemble de recommandations, approuvé par un groupe mondial de chefs d'entreprise, a été présenté aux dirigeants avant le sommet du G8 qui s'est tenu à Toyako, Hokkaido, au Japon, en juillet 2008.

En 2016, le Forum économique mondial a publié un article dans lequel il est dit que, dans certains cas, la réduction de la consommation peut accroître le bien-être. L'article mentionne qu'au Costa Rica, le PIB est quatre fois inférieur à celui de nombreux pays d'Europe occidentale et d'Amérique du Nord, mais que les gens vivent mieux et plus longtemps. Une étude américaine montre que les personnes dont le revenu est supérieur à 75 000 dollars ne voient pas nécessairement leur bien-être augmenter. Pour mieux mesurer le bien-être, la New Economics Foundation a lancé le Happy Planet Index.

En janvier 2017, le FEM a lancé la Plateforme pour l'accélération de l'économie circulaire (PACE), qui est un partenariat public-privé mondial cherchant à mettre à l'échelle les innovations en matière d'économie circulaire. La PACE est coprésidée par Frans van Houten (PDG de Philips), Naoko Ishii (PDG du Fonds pour l'environnement mondial, et le chef du Programme des Nations unies pour l'environnement (PNUE). La Fondation Ellen MacArthur, l'International Resource Panel, Circle Economy, Chatham House, l'Institut national néerlandais pour la santé publique et l'environnement, le Programme des Nations unies pour l'environnement et Accenture sont les partenaires de la connaissance, et le programme est soutenu par le ministère britannique de l'environnement, de l'alimentation et des affaires rurales, DSM, FrieslandCampina, Affaires mondiales Canada, le ministère néerlandais des infrastructures et de la gestion de l'eau, Rabobank, Shell, SITRA et Unilever.

Le Forum a mis l'accent sur son "Initiative pour l'environnement et la sécurité des ressources naturelles" pour la réunion de 2017 afin de parvenir à une croissance économique inclusive et à des pratiques durables pour les industries mondiales. Le commerce mondial étant de plus en plus limité par les intérêts nationaux et les barrières commerciales, le FEM s'est orienté vers une approche plus sensible et plus sociale pour les entreprises mondiales, en mettant l'accent sur la réduction des émissions de carbone en Chine et dans d'autres grandes nations industrielles.

32

Toujours en 2017, le FEM a lancé l'initiative Fourth Industrial Revolution (4IR) for the Earth, une collaboration entre le FEM, l'Université de Stanford et PwC, et financée par la Fondation Mava. En 2018, le FEM a annoncé que l'un des projets de cette initiative serait le projet BioGénome de la Terre, dont l'objectif est de séquencer les génomes de chaque organisme sur Terre.

Le Forum économique mondial s'efforce d'éliminer la pollution plastique, affirmant que d'ici 2050, elle consommera 15 % du budget carbone mondial et dépassera par son poids les poissons des océans de la planète. L'une des méthodes consiste à mettre en place une économie circulaire.

Le thème de la réunion annuelle du Forum économique mondial de 2020 était "Les parties prenantes pour un monde cohérent et durable". Le changement climatique et la durabilité ont été au cœur des discussions. De nombreux participants ont affirmé que le PIB ne représentait pas correctement le bien-être et que les subventions aux combustibles fossiles devaient être supprimées. De nombreux participants ont déclaré qu'un meilleur capitalisme était nécessaire. Al Gore a résumé les idées de la conférence en ces termes : "La version du capitalisme que nous avons aujourd'hui dans notre monde doit être réformée".

Lors de cette réunion, le Forum économique mondial :

- Lancement de la campagne "Un milliard d'arbres", une initiative visant à "faire pousser, restaurer et conserver 1 000 milliards d'arbres au cours des dix prochaines années dans le monde entier, afin de restaurer la biodiversité et de contribuer à la lutte contre le changement climatique". Donald Trump a rejoint l'initiative. Le forum a déclaré que : "Les solutions fondées sur la nature - enfermer le carbone dans les forêts, les prairies et les zones humides du monde - peuvent fournir jusqu'à un tiers des réductions d'émissions requises d'ici 2030 pour atteindre les objectifs de l'Accord de Paris", ajoutant que le reste devrait provenir des secteurs de l'industrie lourde, de la finance et des transports. L'un des objectifs est d'unifier les projets de reboisement existants
- Le forum a débattu de la question du changement climatique et a appelé à développer les énergies

renouvelables, l'efficacité énergétique, à changer les modes de consommation et à éliminer le carbone de l'atmosphère. Le forum a affirmé que la crise climatique deviendra une apocalypse climatique si la température augmente de 2 degrés. Le forum a appelé à respecter les engagements de l'accord de Paris. Jennifer Morgan, directrice exécutive de Greenpeace, a déclaré qu'au début du forum, les combustibles fossiles recevaient encore trois fois plus d'argent que les solutions climatiques.

Lors de la réunion annuelle de 2021, la CCNUCC a lancé la campagne "UN Race-to-Zero Emissions Breakthroughs". L'objectif de cette campagne est de transformer 20 secteurs de l'économie afin de parvenir à zéro émission de gaz à effet de serre. Au moins 20 % de chaque secteur devrait prendre des mesures spécifiques, et 10 secteurs devraient être transformés avant la COP 26 à Glasgow. Selon les organisateurs, 20 % est un point de basculement, à partir duquel l'ensemble du secteur commence à changer de manière irréversible.

Coronavirus et récupération verte

35

En avril 2020, le forum a publié un article qui postule que la pandémie de COVID-19 est liée à la destruction de la nature. Le nombre de maladies émergentes augmente et cette augmentation est liée à la déforestation et à la disparition des espèces. Dans l'article, il y a de multiples exemples de la dégradation des systèmes écologiques causée par l'homme. Il est également indiqué que la moitié du PIB mondial dépend modérément ou largement de la nature. L'article conclut que le rétablissement de la pandémie devrait être lié au rétablissement de la nature.

Le forum a proposé un plan de relance verte. Ce plan prévoit de faire progresser l'économie circulaire. Parmi les méthodes mentionnées, il y a la construction écologique, le transport durable, l'agriculture biologique, les espaces urbains ouverts, les énergies renouvelables et les véhicules électriques.

Conseils mondiaux pour l'avenir

Le réseau des conseils mondiaux du futur se réunit chaque année aux Émirats arabes unis et virtuellement plusieurs fois par an. La deuxième réunion annuelle du FEM s'est tenue à Dubaï en novembre 2017, alors qu'il y avait 35 conseils distincts axés sur une question, une industrie ou une technologie spécifique. En 2017, les membres ont rencontré des représentants et des partenaires du nouveau Centre pour la quatrième révolution industrielle du FEM. Les idées et les propositions sont reprises pour une discussion plus approfondie lors de la réunion annuelle du Forum économique mondial à Davos-Klosters en janvier.

Communauté des Global Shapers

La Global Shapers Community (GSC), une initiative du Forum économique mondial, sélectionne de jeunes leaders de moins de 30 ans sur la base de leurs réalisations et de leur potentiel à être des agents de changement dans le monde. Les Global Shapers développent et dirigent leurs centres urbains pour mettre en œuvre des projets de justice sociale qui font avancer la mission du Forum économique mondial. Le GSC compte plus de 10 000 membres répartis dans plus de 500 centres dans 154 pays. Certains critiques considèrent que le fait que le FEM se concentre de plus en plus sur des domaines activistes tels que la protection de l'environnement et l'entrepreneuriat social est une stratégie visant à dissimuler les véritables objectifs ploutocratiques de l'organisation.

Divisions de projet

Les projets sont répartis en 17 domaines d'impact : Arts et culture, Villes et urbanisation, Participation civique, Changement climatique, Réponse Covid-19, Éducation, Entrepreneuriat, Quatrième révolution industrielle, Égalité des sexes, Santé mondiale, Migration, Façonner l'avenir, Développement durable, Valeurs, Eau, #WeSeeEqual, et Main-d'œuvre et emploi.

Dans le domaine du développement durable, la Communauté a lancé l'initiative Shaping Fashion, à laquelle participent les centres de Düsseldorf, Corrientes, Lahore, Davao, Milan, Lyon, Quito, Taipei et d'autres.

Dans le domaine de l'entrepreneuriat, Bucarest accueille le prix de l'impact social depuis 2009. Il gère des programmes d'éducation et d'incubation dans plus de 20 pays d'Europe, d'Afrique et d'Asie et a touché plus de 1 000 jeunes entrepreneurs sociaux âgés de 14 à 30 ans. En Amérique du Nord, New York accueille l'accélérateur de startups OneRise depuis 2021.

38

L'avenir du travail

Le groupe de travail sur l'avenir du travail était présidé par Linda Yaccarino. En ce qui concerne l'avenir du travail, le FEM 2020 a fixé l'objectif d'offrir de meilleurs emplois, l'accès à une éducation de meilleure qualité et des compétences à 1 milliard de personnes d'ici 2030.

La grande remise à zéro

En mai 2020, le FEM et la Sustainable Markets Initiative du Prince de Galles ont lancé le projet "The Great Reset", un plan en cinq points visant à renforcer la croissance économique durable après la récession mondiale provoquée par les blocages liés à la pandémie de COVID-19. "Ce projet devait être le thème de la réunion annuelle du FEM en août 2021.

Selon le fondateur du forum, M. Schwab, l'intention du projet est de reconsidérer la signification du capitalisme et du capital. Sans abandonner le capitalisme, il propose d'en modifier et éventuellement d'en abandonner certains aspects, notamment le néolibéralisme et le fondamentalisme du marché libre. Le rôle des entreprises, la fiscalité et d'autres aspects devraient être reconsidérés.
39

La coopération internationale et le commerce doivent être défendus, de même que la quatrième révolution industrielle.

Le forum définit le système qu'il souhaite créer comme étant le "Stakeholder Capitalism". Le forum soutient les syndicats.

Critique du FEM

Protestations physiques

À la fin des années 1990, le FEM, ainsi que le G7, la Banque mondiale, l'Organisation mondiale du commerce et le Fonds monétaire international, ont fait l'objet de vives critiques de la part des militants antimondialisation, qui affirmaient que le capitalisme et la mondialisation augmentaient la pauvreté et détruisaient l'environnement. En 2000, environ 10 000 manifestants ont perturbé une réunion régionale du FEM à Melbourne, en bloquant le passage de 200 délégués. De petites manifestations ont lieu à Davos la plupart des années, mais pas toutes, organisées par le parti vert local *(voir Manifestations anti-FEM en Suisse, janvier 2003)* pour protester contre ce qui a été appelé les réunions des "gros chats dans la neige", un terme ironique utilisé par le chanteur de rock Bono.

Après 2014, le mouvement de protestation physique contre le Forum économique mondial s'est largement éteint, et la police suisse a constaté une baisse significative du nombre de manifestants présents, 20 au maximum lors de la réunion de 2016. Si les manifestants sont toujours plus nombreux dans les grandes villes suisses, le mouvement de protestation lui-même a connu des changements significatifs. Environ 150 Tibétains et Ouïgours ont manifesté à Genève et 400 Tibétains à Berne contre la visite du dirigeant suprême chinois Xi Jinping pour la réunion de 2017, ce qui a donné lieu à des confrontations et à des arrestations.

Des écarts de richesse croissants

Un certain nombre d'ONG ont utilisé le Forum économique mondial pour mettre en évidence les inégalités croissantes et les écarts de richesse, qui, selon elles, ne sont pas abordés de manière suffisamment approfondie ou même renforcés par des institutions telles que le FEM. Winnie Byanyima, directrice exécutive de la confédération de lutte contre la pauvreté Oxfam International, a coprésidé la réunion de 2015, où elle a présenté un rapport critique sur la répartition des richesses dans le monde, basé sur des recherches statistiques menées par le Credit Suisse Research Institute. Selon cette étude, les 1 % de personnes les plus riches du monde détiennent 48 % de la richesse mondiale. Lors de la réunion de 2019, elle a présenté un autre rapport affirmant que le fossé entre les riches et les pauvres n'a fait que se creuser. Le rapport intitulé "Bien public ou richesse privée" indique que 2 200 milliardaires dans le monde ont vu leur richesse augmenter de 12 %, tandis que la moitié la plus pauvre a vu sa richesse diminuer de 11 %. Oxfam appelle à une refonte de la fiscalité mondiale afin d'augmenter et d'harmoniser les taux d'imposition des entreprises et des particuliers fortunés.

Formation d'une élite détachée

La formation d'une élite détachée, souvent désignée par le néologisme "homme de Davos", désigne un groupe mondial dont les membres se considèrent comme totalement "internationaux". Selon le politologue Samuel P. Huntington, à qui l'on attribue l'invention du néologisme, ce terme désigne des personnes qui "n'ont guère besoin de loyauté nationale, considèrent les frontières nationales comme des obstacles et voient les gouvernements nationaux comme des résidus du passé dont la seule fonction utile est de faciliter les opérations de l'élite à l'échelle mondiale". Dans son article de 2004 intitulé "Dead Souls : The Denationalization of the American Elite", Huntington affirme que cette perspective internationale est une position élitiste minoritaire qui n'est pas partagée par la majorité nationaliste du peuple.

Le Transnational Institute décrit l'objectif principal du Forum économique mondial comme étant de "fonctionner comme une institution de socialisation pour l'élite mondiale émergente, la "Mafiocratie" de la mondialisation composée de banquiers, d'industriels, d'oligarques, de technocrates et d'hommes politiques. Ils promeuvent des idées communes et servent des intérêts communs : les leurs".

En 2019, le journaliste de *Manager Magazin* Henrik Müller a affirmé que "l'homme de Davos" s'était déjà décomposé en différents groupes et camps. Il voit trois raisons principales à cette évolution :

- Sur le plan idéologique : le modèle libéral occidental n'est plus considéré comme un modèle universel que les autres pays s'efforcent d'atteindre (le totalitarisme numérique de la Chine ou l'absolutisme traditionnel du Golfe persique étant des contre-propositions, toutes représentées par des membres du gouvernement à Davos).

- Sur le plan social : les sociétés se désintègrent de plus en plus en différents groupes, chacun évoquant sa propre identité (incarnée par exemple par le vote du Brexit ou les blocages du Congrès aux États-Unis).

- Sur le plan économique : la réalité économique mesurée contredit largement les idées établies sur la manière dont l'économie devrait fonctionner (malgré les reprises économiques, les salaires et les prix, par exemple, augmentent à peine).

Coût public de la sécurité

Les critiques font valoir que le FEM, bien qu'il dispose de réserves de plusieurs centaines de millions de francs suisses et qu'il verse à ses dirigeants des salaires d'environ 1 million de francs suisses par an, ne paierait pas d'impôt fédéral et attribuerait en outre une partie de ses coûts au public. Suite aux critiques massives des politiciens et de la société civile suisse, le gouvernement fédéral suisse a décidé en février 2021 de réduire ses contributions annuelles au FEM.

45

En 2018, les dépenses policières et militaires supportées par le gouvernement fédéral s'élevaient à 39 millions de francs suisses. L'*Aargauer Zeitung* a affirmé en janvier 2020 que le coût supplémentaire supporté par le canton des Grisons s'élevait à 9 millions de francs suisses par an.

Le parti écologiste suisse a résumé ses critiques au sein du Conseil national suisse en affirmant que l'organisation du Forum économique mondial a coûté aux contribuables suisses des centaines de millions de francs suisses au cours des dernières décennies. Selon eux, on peut toutefois se demander dans quelle mesure la population suisse ou la communauté mondiale bénéficient de ces dépenses.

Débat sur le genre

Selon certains critiques, les femmes ont été largement sous-représentées au FEM. Le taux de participation des femmes au FEM est passé de 9 % à 15 % entre 2001 et 2005. En 2016, 18 % des participants au FEM étaient des femmes ; ce chiffre est passé à 21 % en 2017 et à 24 % en 2020.

Depuis, plusieurs femmes ont fait part de leurs impressions personnelles sur les réunions de Davos dans des articles de presse, soulignant que les problèmes étaient plus profonds qu'un "quota de femmes dirigeantes à Davos ou une session sur la diversité et l'inclusion". Dans ce contexte, le Forum économique mondial a déposé des plaintes en justice contre au moins trois articles d'investigation des journalistes Katie Gibbons et Billy Kenber, publiés par le journal britannique *The Times* en mars 2020.

Prise de décision non démocratique

Selon le groupe de réflexion du Parlement européen, les critiques considèrent le FEM comme un instrument permettant aux dirigeants politiques et économiques de "prendre des décisions sans avoir à rendre compte à leur électorat ou à leurs actionnaires".

Depuis 2009, le FEM travaille sur un projet appelé Global Redesign Initiative (GRI), qui propose une transition de la prise de décision intergouvernementale vers un système de gouvernance multipartite. Selon le Transnational Institute (TNI), le Forum prévoit ainsi de remplacer un

47

modèle démocratique reconnu par un modèle où un groupe autosélectionné de "parties prenantes" prend des décisions au nom de la population.

Certains critiques ont considéré que l'attention portée par le FEM à des objectifs tels que la protection de l'environnement et l'entreprenariat social n'était qu'une façade destinée à masquer sa véritable nature et ses objectifs ploutocratiques. Dans un article d'opinion du *Guardian*, Cas Mudde a déclaré que ces ploutocrates ne devraient pas être le groupe qui contrôle les agendas politiques et décide des questions sur lesquelles se concentrer et de la manière de les soutenir. Un auteur du magazine allemand *Cicero* a vu dans cette situation des élites universitaires, culturelles, médiatiques et économiques qui s'emparent du pouvoir social tout en négligeant les processus de décision politique. Dans ce contexte, un milieu matériellement bien doté tenterait de "consolider sa domination sur l'opinion et d'endormir les gens ordinaires avec des avantages sociaux maternels et paternalistes, de sorte qu'ils ne soient pas dérangés par les gens ordinaires lorsqu'ils gouvernent". Le journal français *Les Echos* conclut d'ailleurs que Davos "représente exactement les valeurs que les gens ont rejetées dans les urnes".

Manque de transparence financière

En 2017, l'ancien journaliste du *Frankfurter Allgemeine Zeitung,* Jürgen Dunsch, a critiqué le manque de transparence des rapports financiers du FEM, car ni les recettes ni les dépenses n'étaient ventilées. En outre, il a souligné que le capital de la fondation n'était pas quantifié alors que les bénéfices apparemment non négligeables seraient réinvestis.

Les récents rapports annuels publiés par le FEM comprennent une ventilation plus détaillée de ses finances et indiquent des revenus de 349 millions de francs suisses pour l'année 2019, des réserves de 310 millions de francs suisses et un capital de fondation de 34 millions de francs suisses. Il n'y a pas d'autres détails fournis sur les classes d'actifs ou les noms individuels auxquels le FEM alloue ses actifs financiers de 261 millions de francs suisses.

Le journal allemand *Süddeutsche Zeitung* a critiqué dans ce contexte le fait que le FEM se soit transformé en une "machine à imprimer de l'argent", qui est gérée comme

49

une entreprise familiale et constitue un moyen confortable de gagner sa vie pour son personnel clé. Le fondateur de la fondation, Klaus Schwab, perçoit un salaire d'environ un million de francs suisses par an.

Critères de sélection peu clairs

Dans une demande adressée au Conseil national suisse, le parti écologiste suisse a critiqué le fait que les invitations à la réunion annuelle et aux programmes du Forum économique mondial soient délivrées sur la base de critères peu clairs. Ils soulignent que des "despotes" tels que le fils de l'ancien dictateur libyen Saif al-Islam al-Kadhafi ont été invités au FEM et ont même été admis dans le club des "Young Global Leaders". Même après le début du printemps arabe en décembre 2010 et les violents soulèvements contre les régimes despotiques qui en ont découlé, le FEM a continué à inviter Kadhafi à sa réunion annuelle.

Empreinte environnementale des assemblées annuelles

Les critiques soulignent que la réunion annuelle du Forum économique mondial est contre-productive dans la lutte contre les problèmes urgents de l'humanité tels que la crise climatique. Même en 2020, les participants se sont rendus à la réunion annuelle du FEM à Davos à bord d'environ 1 300 jets privés, alors que la charge totale des émissions liées au transport et à l'hébergement était énorme selon eux.

La mainmise des entreprises sur les institutions mondiales et démocratiques

Le rapport "Global Redesign" du Forum économique mondial propose de créer des Nations unies "publiques-privées" au sein desquelles des agences sélectionnées fonctionneraient et piloteraient des programmes mondiaux dans le cadre de systèmes de gouvernance partagés. Il affirme que le monde globalisé est probablement mieux géré par une coalition d'entreprises multinationales, de gouvernements et d'organisations de la société civile (OSC), ce qui se traduit par des initiatives telles que la "grande remise à zéro" et la "refonte globale".

Lors d'une interview en 2017, Schwab a déclaré que le président russe Vladimir Poutine avait été reconnu comme un Young Global Leader, et a également mentionné le

Premier ministre canadien Justin Trudeau : "Je dois dire, quand je mentionne maintenant des noms, comme Mme (Angela) Merkel et même Vladimir Poutine, et ainsi de suite, ils ont tous été Young Global Leaders du Forum économique mondial. Mais ce dont nous sommes très fiers aujourd'hui, c'est de la jeune génération comme celle du Premier ministre (Justin) Trudeau ? Nous pénétrons dans le cabinet. Hier, j'ai assisté à une réception pour le Premier ministre Trudeau et je sais que la moitié de son cabinet, ou même plus de la moitié de son cabinet, sont en fait des jeunes leaders mondiaux.

En septembre 2019, plus de 400 organisations de la société civile et 40 réseaux internationaux ont vivement critiqué un accord de partenariat entre le FEM et les Nations unies et ont appelé le secrétaire général de l'ONU à y mettre fin. Ils considèrent cet accord comme une "inquiétante mainmise des entreprises sur l'ONU, qui a dangereusement fait évoluer le monde vers une gouvernance mondiale privatisée". Le groupe de réflexion néerlandais Transnational Institute résume que nous entrons de plus en plus dans un monde où des rassemblements tels que Davos constituent "un coup d'État mondial silencieux" pour s'emparer de la gouvernance.

En décembre 2021, le gouvernement néerlandais a publié sa correspondance passée avec des représentants du Forum économique mondial, montrant une interaction importante entre le FEM et le gouvernement néerlandais. Les documents ont été officiellement mis à disposition par le gouvernement néerlandais.

Non-accréditation des médias critiques

En 2019, le journal suisse *WOZ s'est* vu refuser sa demande d'accréditation pour la réunion annuelle avec les rédacteurs et a ensuite accusé le Forum économique mondial de favoriser certains médias. Le journal a souligné que le FEM avait déclaré dans son message de refus qu'il [le Forum] préférait les médias avec lesquels il travaillait tout au long de l'année. Le directeur adjoint de *la WOZ,* Yves Wegelin, a estimé qu'il s'agissait là d'une conception étrange du journalisme, car "dans le journalisme, il ne faut pas nécessairement travailler avec les grandes entreprises, mais plutôt les critiquer".

Initiatives institutionnelles
53

Outre la politique économique, l'agenda du FEM se concentre de plus en plus, ces dernières années, sur des sujets activistes à connotation positive tels que la protection de l'environnement et l'entrepreneuriat social, ce que les critiques considèrent comme une stratégie visant à dissimuler les véritables objectifs ploutocratiques de l'organisation.

Dans un article publié en décembre 2020 par *The Intercept*, l'auteure Naomi Klein a décrit les initiatives du FEM telles que la "Grande Réinitialisation" comme étant simplement un "rebranding sur le thème du coronavirus" de choses que le FEM faisait déjà et comme une tentative des riches de se donner une bonne image. Selon elle, "la Grande Réinitialisation n'est que la dernière édition de cette tradition dorée, qui se distingue à peine des précédentes Grandes Idées de Davos".

De même, dans son analyse de *COVID-19 : The Great Reset*, l'éthicien Steven Umbrello émet des critiques parallèles sur l'agenda. Il affirme que le FEM "blanchit un avenir apparemment optimiste après la Grande Réinitialisation avec des mots à la mode comme équité et durabilité" alors qu'il met en péril ces objectifs de manière fonctionnelle.

Une étude publiée dans le Journal of Consumer Research s'est penchée sur l'impact sociologique du FEM. Elle conclut que le FEM ne résout pas des problèmes tels que la pauvreté, le réchauffement climatique, les maladies chroniques ou l'endettement. Selon l'étude, le Forum a simplement transféré la charge de la résolution de ces problèmes des gouvernements et des entreprises aux "consommateurs responsables : le consommateur vert, le consommateur soucieux de sa santé et le consommateur financièrement averti".

Appropriation des crises mondiales

En décembre 2021, le cardinal catholique et ancien préfet de la Congrégation pour la doctrine de la foi (CDF) Gerhard Ludwig Müller a critiqué dans une interview controversée le fait que des personnes comme le fondateur du FEM, M. Schwab, étaient assis "sur le trône de leur richesse" et n'étaient pas touchés par les difficultés et les souffrances quotidiennes auxquelles les gens sont confrontés, par exemple en raison de la pandémie de

COVID-19. Au contraire, ces élites voient dans les crises une occasion de faire avancer leurs projets. Il a particulièrement critiqué le contrôle que ces personnes exerceraient sur les gens et leur adhésion à des domaines tels que le transhumanisme. Le Conseil central des juifs d'Allemagne a condamné cette critique, qui est également liée aux investisseurs financiers juifs, en la qualifiant d'antisémite.

Controverses du FEM

Controverse avec la municipalité de Davos

En juin 2021, le fondateur du FEM, Klaus Schwab, a vivement critiqué ce qu'il a qualifié de "profit", de "complaisance" et de "manque d'engagement" de la part de la municipalité de Davos en ce qui concerne la réunion annuelle. Il a indiqué que la préparation de la réunion liée au COVID à Singapour en 2021/2022 avait créé une alternative à son hôte suisse et estime que les chances que la réunion annuelle reste à Davos se situent entre 40 et 70 %.

Controverse sur l'utilisation du nom de Davos

Comme il existe de nombreuses autres conférences internationales surnommées "Davos", telles que l'événement "Davos du désert" organisé par l'institut Future Investment Initiative d'Arabie saoudite, le Forum économique mondial s'est opposé à l'utilisation du terme "Davos" dans de tels contextes pour tout événement qui n'est pas organisé par lui. Cette déclaration a été publiée le 22 octobre 2018, un jour avant l'ouverture de l'édition 2018 de la Future Investment Initiative (surnommée

"Davos dans le désert") organisée par le Fonds
d'investissement public d'Arabie saoudite.

Alternatives pour le FEM

Forum ouvert de Davos

Depuis la réunion annuelle de janvier 2003 à Davos, un *Open Forum Davos*, co-organisé par la Fédération des Églises protestantes de Suisse, se tient en même temps que le forum de Davos, ouvrant ainsi le débat sur la mondialisation au grand public. L'Open Forum se tient chaque année dans l'école secondaire locale, avec la participation d'hommes politiques et de chefs d'entreprise de premier plan. Il est ouvert gratuitement à tous les membres du public.

Prix Public Eye

Les Public Eye Awards ont lieu chaque année depuis 2000. Il s'agit d'un contre-événement de la réunion annuelle du Forum économique mondial (FEM) à Davos. Les Public Eye Awards sont un "concours public des pires entreprises du monde". En 2011, plus de 50 000 personnes ont voté pour des entreprises ayant agi de manière irresponsable. Lors d'une cérémonie organisée dans un hôtel de Davos, les "gagnants" de 2011 ont été le fabricant indonésien de diesel à base d'huile de palme,

Neste Oil en Finlande, et la société minière AngloGold Ashanti en Afrique du Sud. Selon Schweiz aktuell diffusé le 16 janvier 2015, une présence publique pendant le FEM 2015 pourrait ne pas être garantie en raison du renforcement massif de la sécurité à Davos. Le Public Eye Award sera décerné pour la dernière fois à Davos : *Public Eyes dit au revoir à Davos*, confirmé par Rolf Marugg (aujourd'hui politicien *du Landrats*), par des politiciens non directement engagés et par la police responsable.

www.ingramcontent.com/pod-product-compliance
Lightning Source LLC
Chambersburg PA
CBHW070604160726

48003CB00005B/2119